EBOOK
AF281145
"DE ESTUDIANTE A PROFESIONAL: UN NUEVO COMIENZO"
Ing. MSc. Elvis Castillo
Agosto 2024

"De estudiante a profesional: un nuevo comienzo"

MSc Elvis Castillo

ISBN Libro en papel: 978-84-685-8352-5

ISBN eBook en PDF: 978-84-685-8353-2

Dedicatoria

"A todos aquellos que inician este nuevo capítulo en sus vidas profesionales, estudiantes, recién egresados y profesionales con experiencia, les damos una calurosa bienvenida. Que esta etapa sea un camino de constante aprendizaje y crecimiento, donde cada desafío sea una oportunidad para desarrollar nuevas habilidades y alcanzar sus metas.".

Agradecimientos

Este libro es el fruto de los años vívidos, de aprendizaje y crecimiento. Agradezco a la vida todas las experiencias que me han moldeado como persona, a todos aquellos que me han acompañado en este viaje y a mi familia, por su amor incondicional. Juntos hemos hecho posible este sueño.

Índice

Sinopsis

Con la toga aún fresca en el recuerdo y el diploma apretado en la mano, Martha se adentraba en un nuevo capítulo de su vida. El mundo profesional, antes un horizonte lejano y nebuloso, se erigía ahora como una realidad tangible y emocionante. Con una mezcla de ilusión y nerviosismo, cruzaba las puertas de **"Innovaciones Creativas"**, una empresa que prometía ser el trampolín ideal para poner en práctica todos los conocimientos adquiridos durante sus años universitarios.

En este nuevo entorno, donde las teorías se transformaban en acciones y los desafíos se multiplicaban, Martha se encontraría con una diversidad de personalidades que marcarían su camino. David, el veterano experimentado, sería su faro guía, siempre dispuesto a ofrecer un consejo sabio o una palabra de aliento. María, la aduladora, sería una rival astuta, dispuesta a cualquier cosa para destacar y escalar posiciones. Marcos, el envidioso, sembraría discordia y cizaña a su paso, buscando minar la confianza de sus compañeros. Diego, con su humor ácido, aliviaría las tensiones y crearía un ambiente más distendido. Y Laura, la pesimista y amargada, vería siempre el vaso medio vacío, cuestionando las decisiones y oportunidades.

En este crisol de personalidades, Martha deberá aprender a navegar entre las aguas turbulentas del mundo laboral, a superar sus inseguridades y a encontrar su lugar en un equipo tan diverso. ¿Podrá esta joven analista, con sus grandes ideas y su espíritu inquieto, destacar entre sus compañeros y alcanzar el éxito en un entorno cada vez más competitivo?

Estructura y desarrollo.

1. Presentación de los personajes:

- **Martha:** La protagonista, una joven recién egresada, analista con grandes ideas pero tímida y a veces insegura.

- **David:** El veterano responsable, siempre dispuesto a ayudar y a mantener la calma.

- **María:** La aduladora, obsesionada con el éxito y dispuesta a hacer cualquier cosa para conseguirlo inclusive mal poner a sus compañeros.

- **Marcos:** El envidioso y cizañero, que encuentra placer en sembrar discordia entre sus compañeros.

- **Diego:** El chistoso, que utiliza el humor para aliviar la tensión y crear un ambiente más relajado, pero nunca toma nada en serio.

- **Laura:** La amargada, pesimista que ve el lado negativo de todo.

- **Ramírez:** El nuevo jefe intransigente, mirada penetrante , voz autoritaria, y ambicioso

Capítulo 1: El nuevo comienzo.

El edificio de oficinas se erguía imponente en el centro de la ciudad, un monolito de vidrio y acero que reflejaba la ambición de la empresa **"Innovaciones Creativas"**.

Martha, con su cabello castaño recogido en una coleta y una carpeta de cuero bajo el brazo, se adentraba en el vestíbulo, su corazón latiendo con una mezcla de emoción y nerviosismo. Era su primer día en la empresa y las expectativas eran altas.

Martha había escuchado maravillas de **"Innovaciones Creativas".** Era una compañía joven y dinámica, conocida por su ambiente de trabajo innovador y sus proyectos vanguardistas. Sin embargo, a medida que se adentraba en los amplios pasillos, no podía evitar sentir una punzada de inseguridad. Sabia que era una recién graduada y se encontraba rodeada de profesionales con años de experiencia.

Su escritorio, ubicado en un área abierta junto a una ventana que daba a la ciudad, era sencillo pero acogedor. Mientras organizaba sus pertenencias, observaba a sus nuevos compañeros. Algunos trabajaban concentrados en sus computadoras, otros conversaban animadamente en grupos pequeños, y algunos más parecían estar siempre ocupados apagando incendios.

Al final de la mañana, el jefe de departamento, David, convocó a una reunión para presentar el nuevo proyecto. Un brillo de entusiasmo iluminó los rostros de los empleados. Se trataba de desarrollar una campaña de marketing innovadora para el lanzamiento de un nuevo producto. Martha se sintió emocionada ante la perspectiva de contribuir a un proyecto tan importante, pero también un poco abrumada por la magnitud de la tarea.

La reunión para presentar el nuevo proyecto se había convertido en un hervidero de ideas y propuestas. Martha, con una mezcla de entusiasmo y nerviosismo, había esbozado una idea que consideraba innovadora. Sin embargo, su voz se había perdido en el mar de opiniones.

David, el jefe de departamento, era la imagen misma de la calma. Con su cabello canoso peinado hacia atrás y una mirada penetrante, inspiraba confianza y respeto. Tenía una amplia experiencia en la empresa y era conocido por su capacidad para resolver problemas. "Me gusta la dirección que está tomando este proyecto", comentó con voz suave, "pero creo que debemos explorar otras opciones".

María, una joven ambiciosa y trepadora con un maquillaje impecable y ropa de diseñador, no perdió la oportunidad de acaparar la atención.

"Creo que mi propuesta es la más viable", afirmó con seguridad, mientras proyectaba una diapositiva con un diseño llamativo. Su voz era fuerte y segura, pero Martha notó un cierto tono de arrogancia en sus palabras.

Marcos, un hombre delgado cizañero y envidioso, que encuentra placer en sembrar discordia entre sus compañeros, parecía incómodo. "Yo... yo creo que deberíamos tener en cuenta los costos", mostrándose inconforme, ya que, a el, no le llegaban esas ideas. Martha lo conocía de vista, pero nunca habían hablado mucho. Tenía la impresión de que era un hombre de muy mala espina y traicionero.

Diego, el bromista del equipo, intentó aligerar el ambiente con un chiste. "Y si lanzamos el producto como un reality show, ¿qué les parece? Podríamos llamarlo 'El sobreviviente. Sus palabras provocaron una carcajada general, pero Martha no pudo evitar fruncir el ceño. Le parecía que Diego estaba intentando trivializar un proyecto que requería seriedad y compromiso. Mientras los demás se reían, Martha se preguntaba si alguna vez tomaría en serio sus responsabilidades.

Laura, una mujer de mediana edad con una expresión permanente de desagrado, pesimista y amargada, cruzó los brazos y frunció el ceño. "Siempre lo mismo". "Más trabajo y menos sueldo, a mi no me pagan para eso". Martha la había escuchado hacer comentarios negativos sobre cualquier proyecto que se propusiera.

Al final de la reunión, David resumió las ideas principales y anunció que se formarían equipos de trabajo para desarrollar cada una de las propuestas.

Martha se sintió aliviada al ser asignada al equipo de María. Aunque no estaba entusiasmada con la idea de trabajar con alguien tan competitivo, esperaba aprender algo de ella. Sin embargo, no se imaginaria la clase de persona que resultaría ser. Lejos de encontrar una mentora, se toparía con una persona capaz de traicionar la confianza de sus compañeros. ¡Quién iba a imaginar que detrás de esa fachada de profesionalismo se escondía una persona tan manipuladora!"

Mientras caminaba hacia su escritorio, Martha reflexionaba sobre sus nuevos compañeros de trabajo. Cada uno de ellos tenía una personalidad única y compleja, y todos parecían llevar una máscara que ocultaba sus verdaderos sentimientos y motivaciones. ¿Sería capaz de descubrir quiénes eran realmente detrás de esas máscaras?

Capítulo 3: Sembrando Discordia:
Los días posteriores a la reunión fueron una mezcla de entusiasmo y ansiedad para Martha. Mientras trabajaba en su parte del proyecto, no podía evitar sentir una creciente sensación de discordia en el equipo. Marcos, en particular, parecía estar disfrutando de sembrar cizaña duda y desconfianza entre sus compañeros.

Un día, mientras Martha y María debatían sobre un aspecto del diseño de la campaña, Marcos se acercó a ellos con una expresión preocupada. He oído que algunos están cuestionando la viabilidad de sus proyecto".

comentó con voz baja, mirando a Martha de reojo. "Parece que hay quienes creen que ustedes están perdiendo el tiempo con ideas poco realistas".

Marcos, con su habilidad para sembrar cizaña y generar malentendidos, logró crear una brecha entre Martha y María realizando malos cometarios de una a la otra. Pequeñas discusiones se convertían rápidamente en grandes enfrentamientos, y la colaboración que era necesaria para el éxito del proyecto se veía seriamente comprometida.

David, al notar el creciente malestar en el equipo, intentó mediar. Convocó una nueva reunión para aclarar las cosas y restablecer la armonía. Sin embargo, los esfuerzos de David parecieron ser en vano. Marcos, con una sonrisa irónica, continuó sembrando la discordia desde las sombras.

Martha, cada vez más frustrada, comenzó a cuestionar sus propias habilidades. ¿Acaso había sido demasiado optimista al pensar que podría encajar en este equipo? ¿Sería capaz de superar los obstáculos que Marcos había creado?

Mientras caminaba de regreso a casa al final del día, Martha se sentía agotada y desanimada. La oficina, que al principio le había parecido un lugar lleno de oportunidades, ahora se había convertido en un campo de batalla. ¿Cómo podría recuperar la confianza y la colaboración que eran necesarias para el éxito del proyecto?

Había mucha discordia en el grupo, y ella por ser recién egresada era la menos tomada en cuenta.

Capítulo 4: El Muro de la Comunicación.

Martha llegó a la oficina a la mañana siguiente con la esperanza de dejar atrás las tensiones del día anterior. Sin embargo, apenas se sentó en su escritorio, María se acercó a ella con una expresión desafiante.

"Creo que deberíamos reorientar nuestra estrategia", dijo María, ignorando por completo las ideas que Martha había presentado el día anterior. "Tengo una idea mucho mejor que la tuya, además tu no tienes experiencia, apenas vas egresando de la universidad y los mas seguro que David no tome en cuenta tus opiniones dijo de forma irónica".

Martha intentó explicar por qué creía que su propuesta era más viable, pero María la interrumpió constantemente. "Eres demasiado idealista, y aun no estas preparada", dijo con desdén. "En el mundo real, las cosas no siempre funcionan como a uno le gustaría". Frustrada, Martha decidió buscar el apoyo de Laura. Siempre había la considerado como una persona experimentada y esperaba que pudiera ofrecerle algún consejo. Sin embargo, Laura la escuchó a con una expresión de aburrimiento. "No entiendo por qué te preocupas tanto", dijo Laura con indiferencia. "Al final, a nadie le importa realmente si este proyecto tiene éxito o no", toma las cosas con calma, siempre habrá alguien que lo haga dijo Laura.

Martha se sintió cada vez más sola y aislada. Parecía que habían construido un muro invisible alrededor de ella, y nadie parecía dispuesto a derribarlo. Decidió concentrarse en su trabajo individual, en lo que ella sabia hacer con la esperanza de que sus resultados hablaran por sí solos.

Durante los días siguientes, Martha trabajó incansablemente en su parte del proyecto, a pesar de su poca experiencia sabia lo que hacia y tenia mucha Fe en su proyecto. Presentó sus ideas de manera clara y concisa, pero sus compañeros parecían más interesados en criticarla que en colaborar con ella. María, en particular, se convirtió en su principal opositora, buscando constantemente formas de desacreditar su trabajo.

Martha comenzó a cuestionar sus propias habilidades. ¿Acaso no soy lo suficientemente buena para este trabajo? ¿Estoy destinada a fracasar? se preguntaba.

Una noche, mientras trabajaba hasta tarde en la oficina, Martha se encontró con una nota anónima en su escritorio. La nota decía: **"No te rindas. Hay personas que creen en ti".**

Martha leyó y releyó la nota varias veces. Una pequeña chispa de esperanza se encendió en su interior. A pesar de todo, alguien creía en ella. Y eso era suficiente para Martha. Le había recordado que no estaba sola en esta lucha y que aún había personas que creían en ella. Con renovado vigor, se presentó a la reunión semanal del equipo.

En la reunión semanal David, al notar el ambiente cada vez más tenso, decidió intervenir. "Sé que las cosas están siendo difíciles últimamente", comenzó, "pero creo que todos estamos de acuerdo en que este proyecto es importante para todos nosotros. Necesitamos trabajar juntos para lograr el éxito".

Prosiguió a proponer una dinámica de grupo para que cada miembro del equipo pudiera expresar sus inquietudes y sugerencias. Martha aprovechó la oportunidad para exponer nuevamente sus ideas, pero María las desestimó una vez más. Marcos, por su parte, se limitó a observar la escena con una sonrisa y con muy mala intención.

A pesar de los esfuerzos de David, las diferencias entre los miembros del equipo parecían insalvables. La desconfianza y la hostilidad habían creado un muro impenetrable. Martha se sentía cada vez más frustrada. ¿Cómo era posible que un grupo de profesionales tan talentosos no pudiera trabajar en armonía?

Justo cuando la reunión parecía a punto de disolverse en una acalorada discusión, Diego el chistoso intervino. "Creo que todos estamos olvidando lo que es realmente importante", dijo con seriedad.

"Este proyecto no se trata solo de nuestras ideas o de nuestras egos. Se trata de crear algo que tenga un impacto positivo en nuestra empresa y en nuestros clientes".

Sus palabras resonaron en la sala. Por un momento, pareció que el hielo comenzaba a derretirse. Incluso María pareció conmovida por las palabras de Diego por fin se había tomado la seriedad del caso.

Al final de la reunión, David propuso formar subgrupos de trabajo para abordar diferentes aspectos del proyecto. Martha se sintió aliviada al ser reasignada a un a otro grupo junto con Diego y Marcos. Aunque no estaba segura de si podría confiar en Marcos, esperaba que trabajar juntos en un proyecto más pequeño pudiera ayudar a mejorar la relación entre ellos.

Mientras caminaba de regreso a su escritorio, Martha se sentía un poco más optimista. Quizás, después de todo, aún había esperanza de salvar el proyecto y de restaurar la armonía en el equipo.

Capítulo 6: El Punto de Quiebre.

Martha y su nuevo grupo trabajaron arduamente durante las siguientes semanas, logrando avances significativos en su parte del proyecto. La colaboración con Diego quien de repente le puso seriedad era fluida y agradable, y aunque Marcos seguía manteniendo una actitud distante, no había vuelto a sembrar discordia. Martha comenzaba a sentir que quizás había subestimado a sus compañeros.

Sin embargo, una mañana, una noticia sacudió a toda la oficina: se había detectado un error grave en una de las presentaciones que María quien era aduladora, obsesionada con el éxito había preparado y enviado sin decir nadas al grupo.

El error era tan fundamental que ponía en riesgo todo el proyecto.

David convocó una reunión de emergencia para discutir la situación. María trató de culpar a los demás por el error, pero las pruebas eran contundentes ella era la responsable.

La presentación había sido tomada por María y era la misma que había propuesto Martha, ella había robado su idea, pero no la supo plasmar. En ese momento, las verdaderas intenciones de María quedaron al descubierto. Su ambición y su deseo de destacar habían nublado su juicio, y ahora estaba dispuesta a sacrificar el éxito del proyecto con tal de proteger su reputación.

Martha se sintió traicionada. Había trabajado duro para contribuir al proyecto, y ahora veía cómo todo su esfuerzo se veía amenazado por la irresponsabilidad de una sola persona.

David, visiblemente molesto, tomó la decisión de retirar la presentación de María y comenzar de nuevo. Asignó a Martha la recién egresada, la recién llegada a la empresa, la tarea de liderar un nuevo equipo para desarrollar una presentación alternativa ya que ella tenia la idea lista y veía esas ganas de aportar a la empresa. Martha se sintió orgullosa y honrada por la confianza que David había depositado en ella, pero también abrumada por la responsabilidad.

Tenía poco tiempo para culminar la presentación, y la presión era enorme debido a su poca experiencia. Mientras trabajaba frenéticamente, Martha no pudo evitar preguntarse por qué María había actuado de esa manera. ¿Era simplemente una persona ambiciosa y egoísta? ¿O había algo más profundo detrás de su comportamiento, era una mala persona?

Capítulo 7: La Confrontación

Martha, con la presentación prácticamente terminada, decidió que ya era hora de enfrentar a María . Se sentía agotada y frustrada, pero también decidida a que la verdad saliera a la luz.

Buscó a María en su escritorio y, sin rodeos, le preguntó: "¿Por qué lo hiciste, María? ¿Por qué saboteaste el proyecto? ¿Por qué robaste mis ideas?"

María , sorprendida por la acusación directa, trató de negarlo. "Yo no hice nada malo", afirmó con voz temblorosa. "Fue un simple error". Martha no se dejó engañar. "No me vengas con cuentos", respondió con firmeza. "Todos sabemos que tú enviaste esa presentación. Y todos sabemos que lo hiciste a propósito".

La discusión se intensificó rápidamente. María se puso a la defensiva, acusando a Martha de ser paranoica y de buscar problemas. Los demás miembros del equipo, que habían estado observando la escena desde lejos, se acercaron con cautela.

Sin embargo, Martha estaba demasiado enfurecida para escuchar. "Sr David, dijo con respeto, ella robo mi proyecto", repitió, señalando a María. "No podemos seguir trabajando con alguien así".

María , al verse acorralada, estalló en llanto. "Todos ustedes están en mi contra", sollozó. "Siempre lo han estado".

La oficina se llenó de un silencio tenso. Nadie sabía qué decir o qué hacer. Finalmente, David tomó una decisión difícil. "María , necesito que te tomes unos días libres para reflexionar sobre tu comportamiento", dijo con firmeza. "Martha, tu te encargarás de presentar la nueva propuesta al cliente confió en ti". Esas palabras le recordaron la nota escrita que había encontrado.

Martha se sintió aliviada y a la vez abrumada. Había ganado la batalla, pero la guerra aún no había terminado. Sabía que tendría que trabajar muy duro para ganarse la confianza de sus compañeros y para demostrar que era capaz de liderar el equipo a pesar de su poca experiencia.

Capítulo 8: Reconciliación y Crecimiento

Pasaron unos días tensos después de la confrontación entre Martha y María. La atmósfera en la oficina era cargada y la productividad se había visto afectada.

David, consciente de que la situación no podía continuar así, decidió convocar una reunión para abordar los problemas del equipo de frente. En la reunión, David comenzó por reconocer el error de María y el valor del trabajo de Martha. Luego, les dio la oportunidad a todos los miembros del equipo de expresar sus sentimientos y preocupaciones.

Marcos, quien había mantenido una actitud neutral durante la crisis, sorprendió a todos al admitir que había disfrutado viendo cómo los demás se enfrentaban. Sin embargo, también reconoció que su comportamiento había sido inmaduro y pidió disculpas al equipo.

María, visiblemente arrepentida, expresó su pesar por haber saboteado el proyecto. "Me dejé llevar por la ambición y cometí un gran error", admitió. "Estoy dispuesta a hacer lo que sea necesario para recuperar su confianza".

Martha, al escuchar las palabras de María, sintió una mezcla de alivio y tristeza. Se sentía aliviada de que María finalmente hubiera reconocido su error, pero también triste por haber perdido la confianza en una compañera de trabajo. Después de una larga y sincera conversación, los miembros del equipo comenzaron a sanar las heridas.

 Se dieron cuenta de que todos habían contribuido, de una forma u otra, a la situación. Y también se dieron cuenta de que, trabajando juntos, podían superar cualquier obstáculo.

David propuso que el equipo organizara una actividad de integración fuera de la oficina para fortalecer los lazos y reconstruir la confianza. Todos estuvieron de acuerdo, y pronto se pusieron a planificar un fin de semana de camping.

Durante el campamento, los miembros del equipo tuvieron la oportunidad de conocerse mejor en un ambiente relajado y divertido. Compartieron historias, jugaron juegos y se ayudaron mutuamente en las tareas. Al final del fin de semana, el equipo se sentía más unido y fortalecido que nunca.

Capítulo 9: El Triunfo del Trabajo en Equipo

De vuelta en la oficina, Martha se dio cuenta de que había logrado algo más que simplemente salvar el proyecto. Estaba liderando a su equipo a través de una crisis y los estaba ayudado a crecer juntos. Se sentía orgullosa de sí misma y de sus compañeros.

El ánimo renovado tras el actividad de integración, el equipo regresó dispuesto a enfrentar los desafíos que aún quedaban por delante. Martha, en su nuevo rol de líder, se encargó de coordinar las tareas y de mantener a todos motivados.

La presentación que habían elaborado de manera conjunta era impresionante. Cada miembro del equipo había aportado sus mejores ideas y habilidades, y el resultado final era un producto de alta calidad.

Sin embargo, aún quedaban algunos detalles por pulir antes de la presentación al cliente.

María, demostrando un gran arrepentimiento por sus acciones anteriores, se ofreció a ayudar a Martha con la revisión final de la presentación. Trabajaron juntas durante horas, corrigiendo errores y añadiendo los últimos toques.

El día de la presentación llegó por fin. El equipo se reunió temprano para ensayar una última vez. Aunque estaban nerviosos, también estaban emocionados por mostrar al cliente el resultado de su arduo trabajo.

La presentación fue un éxito rotundo. El cliente quedó impresionado con el trabajo del equipo y felicitó a todos por su profesionalismo y creatividad. Martha, en particular, recibió numerosos elogios por su liderazgo y su capacidad para unir al equipo.

Después de la presentación, el equipo celebró su éxito con una cena. Mientras compartían anécdotas y brindaban por el futuro, Martha se dio cuenta de que había logrado algo verdaderamente especial. Había transformado un grupo de individuos en un equipo sólido y cohesionado.

En los meses siguientes, el equipo continuó trabajando juntos en nuevos proyectos.

La confianza y el respeto mutuo que habían construido durante la crisis se habían fortalecido aún más. Martha había demostrado ser una líder excepcional, y sus compañeros la admiraban y respetaban a pesar de su poca experiencia ya que había llegado una nueva generación de relevo.

Capítulo 10: Un Nuevo Comienzo.

La exitosa presentación al cliente marcó un antes y un después en la dinámica del equipo. La confianza y el respeto mutuo que se habían forjado durante la crisis se consolidaron, creando un ambiente de trabajo mucho más positivo y productivo.

Martha, en su nuevo rol de líder consolidada, implementó una serie de iniciativas para fomentar la colaboración y la comunicación abierta dentro del equipo. Organizó reuniones semanales para discutir los avances, los desafíos y las ideas de cada miembro. Además, propuso la creación de un sistema de mentoría para que los empleados más experimentados pudieran compartir sus conocimientos con los más jóvenes.

La historia de Martha y su equipo era un claro ejemplo de cómo el trabajo en equipo, la comunicación abierta y la capacidad de perdonar pueden superar cualquier obstáculo. Y aunque habían enfrentado muchos desafíos en el camino, al final habían salido victoriosos. María, por su parte, se convirtió en una de las principales defensoras de estos cambios.

Reconoció que su comportamiento anterior había perjudicado al equipo y se comprometió a ser una mejor compañera. Su actitud positiva y su disposición a aprender de sus errores inspiraron a sus colegas.

La oficina, que antes era un lugar de tensiones y conflictos, se transformó en un espacio donde la creatividad y la innovación florecían. Los empleados se sentían valorados y motivados, y esto se reflejó en los resultados de la empresa.

Con el tiempo, la historia de cómo el equipo había superado una crisis interna se convirtió en una leyenda dentro de la empresa. Se organizaron talleres y charlas para compartir las lecciones aprendidas con otros equipos. Martha y María se convirtieron en referentes en cuanto a la importancia de la comunicación abierta, la resolución de conflictos y el trabajo en equipo.

"La experiencia vivida por Martha y su equipo demostró que, incluso en los momentos más difíciles, es posible encontrar la fuerza para superar los obstáculos y salir fortalecidos. A pesar de su poca experiencia, Martha demostró un compromiso y una dedicación ejemplares, superando las expectativas de sus compañeros más experimentados. Esto demuestra que, con esfuerzo y determinación, cualquier objetivo es alcanzable. Además, reafirma la importancia de las relaciones laborales saludables, ya que un ambiente de trabajo positivo fomenta la creatividad y la productividad."

Capítulo 11: Nuevo Orden

Pero como todo en la vida nada es eterno de un momento a otro, pasado un tiempo la tranquilidad que se había instalado en **"Innovaciones Creativas"** tras el exitoso proyecto de Martha se vio sacudida por un anuncio inesperado. David, el jefe, quien había confiado en el potencial de su equipo y los había apoyado incondicionalmente, sería reemplazado. En su lugar llegaría un nuevo director, conocido por su rigurosidad y altas exigencias.

Martha y sus compañeros recibieron la noticia con una mezcla de incertidumbre y aprensión. Habían logrado construir un ambiente de trabajo colaborativo y respetuoso bajo el liderazgo de David. ¿Cómo afectaría este cambio a su dinámica? ¿Podrían mantener el mismo nivel de productividad y camaradería?

El primer encuentro con el nuevo director, el señor Ramírez, confirmó sus peores temores. Un hombre de mirada penetrante y voz autoritaria, Ramírez dejó claro desde el inicio que esperaba resultados inmediatos y una mayor eficiencia. Impuso nuevas metas, más ambiciosas que las anteriores, y estableció un sistema de evaluación constante que mantenía a todos bajo presión.

La atmósfera en la oficina se volvió tensa. Los elogios y reconocimientos que antes eran habituales se transformaron en críticas y reproches. La confianza que había unido al equipo comenzó a resquebrajarse, y las rivalidades surgieron entre los empleados, quienes ahora competían por demostrar su valía ante el nuevo jefe.

Martha, acostumbrada a un ambiente más relajado, se sintió desorientada. La presión constante de Ramírez la llevó a cometer errores que antes nunca había cometido. A pesar de sus esfuerzos, no lograba cumplir con las expectativas del nuevo del nuevo jefe quien siempre buscaba una falla. La sensación de frustración y agotamiento la invadió, y comenzó a cuestionar su capacidad para seguir adelante.

Capítulo 12: La Tormenta Perfecta

La llegada de Ramírez había desatado una tormenta perfecta en **"Innovaciones Creativas"**. En medio de la creciente tensión, dos figuras se destacaban por su comportamiento: María y Marcos quienes volvieron a florecer sus verdaderas personalidades.

María, siempre dispuesta a complacer a la autoridad, se había convertido en la favorita de Ramírez. Con una sonrisa falsa y halagos exagerados, se encargaba de informarle al nuevo jefe sobre cualquier error o descuido de sus compañeros, especialmente de Martha. Su obsesión por el éxito la llevaba a pisotear a quienes consideraba una amenaza, y no dudaba en utilizar cualquier artimaña para destacar sacando a relucir nuevamente su verdadera personalidad.

Marcos, por su parte, encontraba en la situación una oportunidad perfecta para alimentar la cizañas y su gusto por el chisme. Con una sonrisa maliciosa, se dedicaba a sembrar discordia entre los compañeros, exagerando las diferencias y los conflictos. Sus comentarios venenosos llegaban a oídos de Ramírez, quien cada vez confiaba más en su juicio y le gustaba que le adulara.

Martha y sus compañeros se sentían acorralados. Por un lado, tenían que lidiar con las altas exigencias de Ramírez, y por otro, debían hacer frente a las intrigas de María y Marcos. La confianza que antes los unía se había erosionado, y cada uno luchaba por sobrevivir en ese ambiente hostil.

La situación llegó a un punto crítico cuando María acusó falsamente a Martha de sabotear un proyecto importante. Ramírez, sin dudarlo, confrontó a Martha, quien se sintió humillada y traicionada. Sus compañeros, atemorizados por las represalias, no se atrevieron a defenderla.

Martha, cansada de tanta injusticia, decidió tomar cartas en el asunto y enfrento Ramírez, exigiendo una explicación y una solución, quedando paralizada ante la indiferencia de Ramírez. Sus esperanzas se desvanecieron como el humo en el viento. El hombre se había convertido en un títere de las intrigas de María y Marcos.

La ira comenzó a crecer en el pecho de Martha. Meses de humillaciones y de ver cómo sus compañeros sufrían las consecuencias de las acciones del nuevo jefe, la habían llevado a su límite. Con voz firme, pero temblorosa, se dirigió a Ramírez:

—Señor Ramírez, esto no puede continuar así. ¿Hasta cuándo va a permitir que lo sigan manipulándolo y perjudicando a todos los que trabajamos aquí?

Ramírez la miró con desdén, como si fuera una simple molestia. —Martha, ya te he dicho que no tengo tiempo para tus acusaciones. Vete a tu puesto de trabajo respondió Ramírez.

Los compañeros de Martha, al ver la actitud de Ramírez, se sintieron desanimados y traicionados. Algunos, los más jóvenes, comenzaron a llorar. Otros, los más veteranos, simplemente negaron con la cabeza, resignados a su destino. Ante la negativa de Ramírez y el desánimo de sus compañeros, Martha siente un nudo en el estómago sin imaginar que todo se pondría peor.

Capítulo 13: La Chispa que Enciende la Llamarada

Un día la noticia del despido injusto de un compañero y la renuncia de varios de ellos cayó como una bomba en medio de la ya tensa situación de **"Innovaciones Creativas"** . Martha se dio cuenta de que estaba sola en esta lucha y que la injusticia se había extendido a otros. Con renovada determinación, decidió que era hora de pasar a la acción.

Con la ayuda de su red de contactos, Martha inició una búsqueda de empleo en una de las empresas más prestigiosas de la industria **"Soluciones Marelca"**. Sabía que sus habilidades y experiencia la harían una candidata valiosa, y que esta nueva oportunidad le permitiría dejar atrás las injusticias que había sufrido.

Durante la entrevistas, Martha se destacó por su capacidad de liderazgo, su compromiso con la excelencia y su experiencia en resolución de conflictos.

Demostró ser una candidata excepcional, y poco después recibió una oferta de trabajo. La nueva empresa, **"Soluciones Marelca"** estaba en busca de alguien con sus habilidades para dirigir un nuevo proyecto en una sucursal ubicada en la misma ciudad.

Fue en ese momento que Martha decidió dar el golpe final. Esperó el momento preciso, cuando la empresa estaba en su punto más crítico, para presentar su renuncia. Ramírez quedó atónito al enterarse de la decisión de Martha, y más aún al saber que se iba a trabajar para una de las principales competidoras.

Al despedirse de sus antiguos compañeros, Martha les aseguró que esta no era una despedida, sino un hasta pronto. Les prometió que seguiría luchando por la justicia y que los apoyaría en todo momento.

En su nuevo empleo, Martha se destacó rápidamente por su profesionalismo y su capacidad para resolver problemas. Su reputación precedió, y pronto se convirtió en una figura clave dentro de la empresa. Mientras tanto, en **"Innovaciones Creativas"**, la situación se volvió insostenible, los clientes comenzaron a desertar. Ramírez fue despedido, y María y Marcos tuvieron que enfrentar las consecuencias de sus actos. La empresa nunca volvió a ser la misma.

Martha había logrado lo que parecía imposible. No solo había escapado de una situación tóxica, sino que también había construido una nueva vida llena de oportunidades.

Capítulo 14: El Dulce Sabor de la Venganza.

Los años pasaron y Martha escaló rápidamente los peldaños de la empresa. Su inteligencia, liderazgo y ética de trabajo la convirtieron en una figura respetada y admirada por todos. Fue promovida a varios puestos de gerencia, cada vez con más responsabilidad y autoridad.

Un día, mientras revisaba su correo electrónico, Martha se sorprendió al ver dos solicitudes de empleo. Al abrirlas, su corazón se aceleró: eran las solicitudes de María y Marcos. Habían escuchado sobre el éxito de Martha en su nueva empresa y, desesperados por encontrar trabajo, decidieron buscar una oportunidad allí.

Martha no pudo evitar sonreír al leer sus currículos. Recordó todas las injusticias que habían cometido y cómo habían intentado destruir su carrera. Sin embargo, también sintió una pizca de lástima. Después de todo, eran personas que alguna vez habían sido sus compañeros de trabajo.

Después de pensarlo mucho, Martha decidió darles una oportunidad. Los citó a una entrevista y los observó con detenimiento. Durante la entrevista, María y Marcos sorprendidos intentaron mostrarse arrepentidos y prometieron que habían cambiado. Sin embargo, Martha no se dejó engañar. Podía ver en sus ojos que seguían siendo las mismas personas manipuladoras y envidiosas de siempre.

Al final de la entrevista, Martha les dio la noticia: habían sido contratados. Sin embargo, les advirtió que si volvían a cometer los mismos errores, no dudaría en despedirlos.

María y Marcos comenzaron a trabajar en la empresa, pero pronto se dieron cuenta de que las cosas habían cambiado. Martha había creado un ambiente de trabajo justo y equitativo, donde todos eran tratados con respeto. Ya no podían manipular a sus compañeros ni abusar de su autoridad.

Un día, mientras Martha se dirigía a una reunión importante, se cruzó con María y Marcos en el pasillo. Se detuvieron y se miraron fijamente. Por un momento, Martha sintió un escalofrío al recordar todo lo que había pasado. Pero luego, levantó la cabeza y sonrió.
"Hola, María. Hola, Marcos", dijo con voz firme. "Me alegra verlos aquí. Espero que esta vez no pierdan esta oportunidad".

María y Marcos se quedaron sin palabras. Nunca habían imaginado que se encontrarían en una situación tan humillante. Se dieron cuenta de que Martha había logrado todo lo que se había propuesto, y que ellos habían quedado relegados a un segundo plano.

En ese momento, Martha se dio cuenta de que había logrado la verdadera venganza. No había sido necesario vengarse de ellos de manera directa. Simplemente había superado sus acciones y había construido una vida exitosa y plena.

Capítulo 15: Tormentas y Triunfos

El éxito de Martha en la empresa continuaba creciendo exponencialmente. Su visión estratégica y su capacidad para motivar a los equipos la convirtieron en una figura indispensable. Con el apoyo de la directiva, decidió dar un paso más audaz: montar su propia firma consultora.

La nueva empresa de Martha se especializó en estrategias de liderazgo y gestión del talento. Sus clientes eran principalmente empresas multinacionales que buscaban optimizar sus operaciones y mejorar la productividad de sus empleados. En poco tiempo, la firma de Martha se convirtió en un referente en la industria.

La firma consultora de Martha crecía a un ritmo vertiginoso. Sin embargo, como en cualquier negocio, surgieron momentos de incertidumbre y desafíos. Un proyecto de gran envergadura con una importante multinacional comenzó a complicarse debido a diferencias culturales y a la resistencia al cambio por parte de algunos ejecutivos.

A pesar de los contratiempos, Martha mantuvo la calma y aplicó todas sus habilidades de liderazgo. Se reunió personalmente con los ejecutivos clave de la empresa cliente, escuchó sus inquietudes y trabajó en conjunto para encontrar soluciones.

Gracias a su perseverancia y empatía, logró sacar adelante el proyecto y consolidar la relación con el cliente.

Paralelamente, Martha seguía desempeñando un papel importante en **"Soluciones Marelca"**, empresa que la había apoyado en sus inicios.

Su experiencia y conocimientos eran fundamentales para el desarrollo de nuevas estrategias y la expansión hacia nuevos mercados. Sin embargo, la creciente demanda de su tiempo y la presión de administrar dos empresas la obligaron a tomar una decisión difícil: concentrarse en su propia firma.

Con el corazón pesado, Martha decidió renunciar a su puesto en **"Soluciones Marelca"**. Sus antiguos compañeros lamentaron su partida, pero reconocieron que era la mejor decisión para su futuro. Al fin y al cabo, había llegado el momento de volar sola.

La decisión de Martha no fue fácil, pero le permitió dedicar todo su tiempo y energía a su propia empresa. Con un equipo sólido y una visión clara, se propuso convertir su firma en un referente mundial en el ámbito de la consultoría de liderazgo.

Para lograr este objetivo, Martha implementó una serie de iniciativas innovadoras, como la creación de una plataforma en línea para la formación de líderes y la organización de eventos internacionales para fomentar el intercambio de ideas y buenas prácticas.

A pesar de los éxitos, Martha nunca olvidó sus raíces y siempre estuvo dispuesta a ayudar a otros.

Fundó una fundación para apoyar a jóvenes emprendedores y a organizaciones sin fines de lucro. Además, se convirtió en mentora de numerosas personas que buscaban alcanzar sus metas profesionales.

La vida de Martha parecía haber alcanzado la perfección. Su empresa era un éxito rotundo, su reputación internacional crecía día a día y tenía un equipo de trabajo excepcionalmente talentoso.

Sin embargo, un día, una noticia sacudió sus cimientos: un empleado de confianza de Martha había robado información confidencial y creo una firma rival para competir de forma desleal. La traición fue un golpe duro para Martha, quien había invertido gran parte de su tiempo y esfuerzo en construir su empresa.

Lejos de desanimarse, Martha demostró una vez más su fortaleza y determinación. Con una visión estratégica y una capacidad innata para superar obstáculos, se propuso no solo proteger su negocio, sino también salir fortalecida de esta adversidad

Martha mantuvo la calma y confió en su capacidad y su equipo. Trabajaron incansablemente para desarrollar nuevas estrategias y productos innovadores que superaran cualquier cosa que la competencia pudiera ofrecer. Con un enfoque en la sostenibilidad y la personalización, lograron captar la atención de un nuevo segmento de mercado. La empresa de Martha no solo sobrevivió a la traición, sino que se consolidó como líder en su industria, dejando a la competencia muy por detrás

La victoria de Martha resonó en toda la industria. Lo que había comenzado como una crisis existencial se transformó en un renacimiento empresarial. La empresa, fortalecida por la adversidad, se había convertido en un faro de innovación y sostenibilidad.

Los nuevos productos, diseñados con un enfoque en las necesidades específicas de los consumidores, causaron sensación. La línea de productos personalizables, combinada con las iniciativas de sostenibilidad, no solo atrajo a nuevos clientes, sino que también generó un profundo sentido de lealtad entre los existentes. La empresa de Martha se había convertido en más que un proveedor de productos; era una marca que representaba valores y un estilo de vida.

Sin embargo, el éxito no los hizo complacientes. Martha, siempre con la vista puesta en el futuro, sabía que la innovación era un viaje continuo. Implementó un programa de desarrollo profesional para fomentar la creatividad y la colaboración entre los empleados. Además, estableció alianzas estratégicas con startups y universidades para mantenerse a la vanguardia de las últimas tendencias.

La competencia, que había subestimado a Martha y su equipo, se vio obligada a reaccionar. Intentaron copiar las estrategias de la empresa, pero les resultó imposible replicar la pasión y la cultura de innovación que habían cultivado.

La empresa de Martha se había convertido en un modelo a seguir, inspirando a otras empresas a buscar soluciones más sostenibles y centradas en el cliente.

Capítulo 16: Equilibrio

A medida que su empresa crecía, Martha se dio cuenta de que su mayor legado no eran los números ni los reconocimientos, sino el impacto positivo que había tenido en la vida de las personas. Había ayudado a miles de líderes a desarrollar sus habilidades, a organizaciones a alcanzar sus objetivos y a comunidades a prosperar.

Después de años de dedicación incansable a su carrera, Martha se encontró en una encrucijada. El éxito profesional la había llevado a la cima, pero había sacrificado gran parte de su vida personal. Se dio cuenta de que, a pesar de todos sus logros, algo faltaba.

Se dio cuenta de que, a medida que avanzaba en su carrera, se había distanciado de su familia y de sus amigos.

A la mañana siguiente, tomó una decisión difícil pero necesaria: reducir su carga de trabajo y dedicar más tiempo a su vida personal. Renunció a algunos de sus compromisos profesionales y delegó más responsabilidades en su equipo. Al principio, se sintió culpable por no estar al cien por ciento dedicada a su empresa, pero pronto se dio cuenta de que estaba tomando la decisión correcta.

Martha comenzó a pasar más tiempo con sus padres, su esposo y sus hijos. Los fines de semana, organizaba comidas familiares y hacía planes para viajar juntos. También se volvió a conectar con viejos amigos y retomó algunas de sus aficiones, como la pintura y la lectura.

Al principio, fue difícil adaptarse a este nuevo ritmo de vida. Martha estaba acostumbrada a trabajar largas horas y a tomar decisiones importantes. Pero poco a poco, comenzó a disfrutar de este nuevo capítulo de su vida. Descubrió que la felicidad no se encontraba solo en el éxito profesional, sino también en las relaciones personales y en las pequeñas cosas de la vida.

Sin embargo, su familia no siempre comprendió su decisión. Algunos de sus familiares y amigos la criticaron por "abandonar" su carrera. Pero Martha estaba decidida a seguir su corazón y a construir una vida más equilibrada.

Con el tiempo, Martha logró encontrar el equilibrio perfecto entre su vida profesional y personal. Continuó siendo una líder influyente en el mundo de los negocios, pero también fue una madre, una hija y una amiga dedicada. Su historia inspiró a muchas otras mujeres a buscar un equilibrio entre su vida personal y profesional, demostrando que es posible tenerlo todo.

Mensaje final

La historia de Martha nos invita a reflexionar sobre nuestros propios sueños y aspiraciones. ¿Qué queremos lograr en la vida? ¿Qué legado queremos dejar? Al igual que Martha, podemos superar cualquier desafío y alcanzar nuestras metas si creemos en nosotros mismos y trabajamos duro para conseguirlo.

"Martha nos enseñó que es posible alcanzar la cima del éxito profesional sin dejar de ser una buena persona. Su vida fue un ejemplo de cómo combinar la ambición con la compasión."

Aprendizajes clave que adquirió Martha:

- **Adaptabilidad:** no todos los compañeros colaboraran contigo, . Martha había logrado adaptarse con éxito a los diversos estilos de trabajo y personalidades de sus compañeros.
- **Comunicación efectiva:** Martha había superado su timidez inicial y desarrollado sólidas habilidades de comunicación.
- **Inteligencia emocional:** Interactuar con personas tan diferentes como María y Marcos la había obligado a desarrollar una mayor inteligencia emocional.
- **Liderazgo:** Martha, aunque al principio se sentía insegura, había demostrado un gran potencial de liderazgo por encima de compañeros con mayor experiencia.
- **Resiliencia:** La resiliencia se había convertido en una de sus mayores fortalezas.

Epílogo:

La historia de Martha es una prueba de que con determinación, perseverancia y un espíritu emprendedor, es posible superar cualquier obstáculo y alcanzar el éxito. Su legado nos recuerda que el verdadero éxito no se mide solo en términos económicos, sino también en el impacto positivo que tenemos en la vida de los demás.

Ejemplo de citas:
- "La experiencia es lo que obtienes cuando no consigues lo que quieres." Ralph Waldo Emerson
- "La única discapacidad en la vida es una mala actitud." John Wooden
- "La mejor manera de predecir el futuro es crearlo." Peter Drucker
- "El éxito no es definitivo, el fracaso no es fatal: lo que cuenta es el coraje de continuar." Winston Churchill
- "Seguir juntos es un progreso. Trabajar juntos es un éxito." - Henry Ford
- "No esperes a que las oportunidades llamen a tu puerta, sal y búscalas." – Leroy Satchel Paige
- "La vida es 10% lo que te sucede y 90% cómo reaccionas ante ello." Charles Swindoll
- "El único lugar donde el éxito viene antes del trabajo es en el diccionario." Vidal Sassoon
- El futuro pertenece a aquellos que creen en la belleza de sus sueños." Eleanor Roosevelt
- "La educación es el arma más poderosa que puedes usar para cambiar el mundo." Nelson Mandela

"Los obstáculos no son muros, sino escalones hacia una versión mejor de ti mismo."

Ing. MSc. Elvis castillo

MSC ELVIS CASTILLO

"De estudiante a profesional:

un nuevo comienzo"

ISBN Libro en papel: 978-84-685-8352-5

ISBN eBook en PDF: 978-84-685-8353-2